Club der roten Dichter:innen 2022

STATTwerke e.V. (Hrsg.)

STATTwerke e.V. (Hrsg.)

Club der roten Dichter:innen

Gesammelte Werke 2022

Bibliografische Information der Deutschen Nationalbibliothek:
Die Deutsche Nationalbibliothek verzeichnet diese Publikation in
der Deutschen Nationalbibliografie; detaillierte bibliografische
Daten sind im Internet über http://dnb.dnb.de abrufbar.

Gefördert vom

im Rahmen des Bundesprogramms

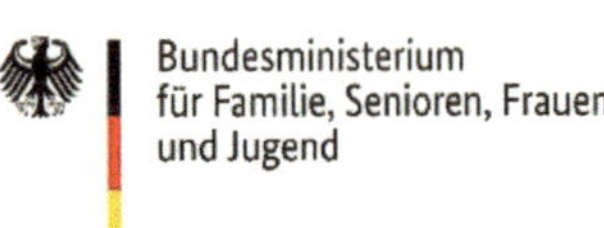

Die Veröffentlichung stellt keine Meinungsäußerung des BMFSFJ
oder des BAFzA sowie des STATTwerke e.V. dar. Für inhaltliche
Aussagen tragen die Autorinnen und Autoren die Verantwortung.

Herstellung und Verlag: BoD – Books on Demand, Norderstedt

ISBN: 9783756879205

Inhalt

Vorwort

Schwarz ist die Hoffnung

Ein Buch muss die Axt sein, die die Zeit zerteilt, die das Jetzt vom Morgen spaltet, die ihren silbernen Kopf in unsern Kopf rammt und alle Distanz daraus verbannt. Die uns die Füße wegschlägt, uns indes nicht zu Fall bringt – wir heben ab, fliegen mit Augäpfeln und Herzkirschen und Fingern über Papier. Wir sind nicht mehr hier. Wir sind nicht mehr außen. Wir sind mittendrin. Wir bluten die Tinte. Denn Schwarz ist die Hoffnung. Die Hoffnung ist tot. Tod ist Poesie. Poesie ist Vergessen. Und Vergessen ist Schwarz. Schwarz tropft der Saft vergossener Stunden aus unsrer Feder. Wir zerfließen, gießen Geschichten in Bücher. Denn Bücher teilen die Menschen in Träumer und Täter. Bücher sind Jetzt und nicht später. Ein Buch kann ein Schatz sein, ein Buch muss die Axt sein für den Unterschied, für Ignoranz, für das Gebirge aus Zweifeln in uns, für den Ring um unsre Güte, für Ich-Ich-Ich, für dich und mich, für Hinz gegen Kunz, für die Härte unseres Tuns, für das gefrorene Meer in uns.

Claudia Brüggemann

Der Club der roten Dichter:innen

Das Projekt "Club der roten Dichter:innen" ist eine seit 2021 wöchentlich stattfindende Schreibwerkstatt für (junge) Erwachsene von 12 bis 120 Jahren, in der wir uns mit der Literatur politisch Verfolgter auseinandersetzen. Besondere Beachtung finden dabei Werke jüdischer Autor*innen oder Texte, die der Bücherverbrennung zum Opfer fielen. Wir lesen und interpretieren diese und lassen uns von ihnen zu eigenen literarischen Werken wie Gedichten, Poetry Slam Beiträgen oder Filmen inspirieren.

Das Projekt wird unter der Leitung der Medienpädagogin Claudia Brüggemann vom STATTwerke e.V. durchgeführt und gefördert vom Bundesministerium für Familie, Senioren, Frauen und Jugend im Rahmen des Bundesprogramms „Demokratie leben!".

Unsere Schreibwerkstatt findet jeden Donnerstag um 16.00 Uhr online und in Präsenz im JIM Kyritz (Marktplatz 10) statt. Interessierte Autor:innen sind herzlich eingeladen, mitzumachen. Weitere Infos: info@jim-stattwerke.de und unter jim-stattwerke.de

Texte, die mit einem Kamerasymbol gekennzeichnet sind, wurden als Film umgesetzt und können unter vimeo.com/clubderrotendichter angesehen werden. Der nebenstehende QR-Code führt direkt zu den Filmen.

Helene Berndt

Dich verloren

Du warst immer da.
Für mich.
Sowie ich für dich.
Haben zusammen gelacht und geweint.
Uns gut verstanden und missverstanden.
Wir waren beide stark und klein.
Haben das getan das uns vor ein paar Jahren
unmöglich erschien.
Wir waren wie Pech und Schwefel.
Doch wir vergaßen, dass dies Säuren sind.
Ich hab dich lieb.
Aber du mich auch?
Bin ich ersetzbar oder
die Nummer, die du im Notfall anrufst?
Du hast mir nichts von deinen neuen Freunden
oder deinem Freund erzählt.
Mir kommt es so vor als würdest
du nicht wollen, dass ich in deine andere Welt mitkomme.
Du bist so weit weg.
Und ich. Ich habe solche Angst!
Wir kennen uns schon seit irgendwann.
Ich will dich nicht verlieren aber
wenn du mir aus dem Weg gehst?
Was bleibt dann?

Schlüssel

Mein Kopf ist leer. Nein, er ist voll.
Nein leer. Nein voll.
ODER?
Ich weiß es nicht.
Da ist alles und nichts.
ALLES: Alles, außer Wurzeln und die französische
Revolution.
Alles, das was ich nie ausspreche.
Niemandem sagen kann.
Dieser Käfig für den ich den Schlüssel nicht hab.
Mir geht es doch gut oder?
In diesem goldenen Käfig ohne diesen goldenen Schlüssel
dazu.
Doch dieser Käfig ist auch das Nichts.
Nichts: Ich sehe nichts versuche durch die Gitterstäbe zu
schauen.
Aber ich kann es nichts erkennen.
Es ist alles so verschwommen.
Als halte man mir eine Scherbe vor die Augen.
Ich will hier raus!
Will sagen was ich denke!
Meine eigene Meinung haben!
Einfach ich sein!

Doch wo ist der Schlüssel?

Vulkan

Berg aus Asche und Stein.
Flüssig. Fest.
Mit Lava.
Verschluckte Doppelhaushälfte.
Bergraben in Stein.
Kein Leben möglich.
Tod.
Aus Tod leben.
Grünspross.
Pflänzchen.
Fotosynthese.
Bäumchen.
Baum.
Er brodelt.
Rauchsäule im Himmel.
Ausbruch.
Er schreit.

Erich Kästner: Die Wälder schweigen

„Mit Bäumen kann man wie mit Brüdern reden
Und tauscht bei ihnen seine Seele um."

Kopf macht Körper
35

Claudia Brüggemann

<u>Kopf macht Körper</u>

(in Erinnerung an Hilde Domin)

An der gleichen Stelle, an der
Mein Körper halsaufwärts in die
Wolken übergeht, stürzt er
Sich rechtsseitig zu Grunde,

Wo er dumpf nach Leben schnappt.
Doch alles Leben klemmt in
Den Kiemen meiner linken
Herzkammer, Hort meines Worts.

Dies Wörterpochen. Meine
Hand nimmt das Pochen in die Hand.

Einerseits, sagt man, lässt sich
Mit einem Temporallappen
Schlecht aufwischen. Andererseits
Hat man schon Fische fliegen sehn.

<u>Unter deinen Gräten</u>

Unter deinen Gräten schlägt ein Herz,
Grad so groß wie meine Vernunft,
Grad so klar wie Doppelkorn.
Ich wünsche und weine und wünsche,
Dich unstetes Untier fassen zu können.
Dein Schwarm zu sein.
Meinen Atem in deine Kiemen zu legen.
Unter deinen Schuppen zu schlafen.
Doch alles aufwärts deines Kopfes
Hängt mir unter den Füßen.
Da hat sich der Himmel in einen
Spiegel gelegt. Blank und kühl
Wie Küchenkacheln.
Und setz ich einen Fuß auf
Diesen – deinen Himmel –
Zerspringt er in Scherben.
Auf deiner Welt kann ich nicht gehen.
Zischen Angelsehnen, Algen und Blei
Muss ich ersaufen.
In meinen Lungen liegt ein Pool.
Schampus, Chlor, Pisse.
Unter meinen Schuppen wohnt ein Schmerz.
Und unter deinen Gräten schlägt
Vielleicht ein Herz.
Grad so groß wie meine Hoffnung.
Daran häng ich fest.
Du hast mich am Haken.
Doch du hast mich vergessen.
Lässt mich zappeln
Und schwimmst einfach vorbei.

Du bist ja frei.

Clara Ehrke

Noch eine Chance

„Wer hätte gedacht, dass wir uns hier sehen würden. Für wen sind Sie hier?"
Madame L schaut von ihrer Zeitung auf und lässt ihren Blick durch das Wartezimmer zu dem Neuankömmling schweifen. Abgesehen von ihnen ist das Zimmer, im weißen Flair, leer.
„Ahh, Mr. T. Ich würde ja sagen, es wäre mir eine Ehre Sie zu sehen, doch das ist es nicht. Was treibt Sie an diesem, bis jetzt so schönen Tag, hierher?"
„Ich vermute, dasselbe wie Sie. Die Arbeit. Es war wohl etwas zu früh, für Sie hierher zu kommen. Ihr Termin war doch erst in ein paar Wochen. Deshalb wurde ich dazu gerufen. Sie wollten mal wieder zu schnell zu viel."
„Das kann doch nicht sein Ernst sein. Der Boss gönnt mir aber zurzeit gar nichts. Ich wollte nur die Wartezeit verkürzen, es ist so weit, ich kann es spüren."
„Tja, würdest du deinen Job besser machen, wäre ich jetzt nicht hier."
„Bitte, gib mir noch eine Chance. Dann könnte ich unserem Boss zeigen, dass ich es auch draufhabe. Vielleicht findest du ja jemanden anderen. Ich weiß, dass hier einige nur drauf warten. Die haben schon einiges erlebt, wäre für die ganz bestimmt ein willkommener Abschluss."
„Du würdest also dafür, wen anders hergeben?"
„Ja, also nein. Es ist nicht fair jemanden so früh schon mitzunehmen. Ich hätte dann gar keine Zeit es kennenzulernen." Madame L. war nun aufgestanden und flehte Mr. T an: „Bitte, nur eine Chance."

Eine neue Tür erschien. Sie war schwarz wie die Nacht. Ein Lichtschein kam hindurch und sprach in leiser Stimme: „Mr. T sie werden schon erwartet."
„Das hab ich nicht zu entscheiden, der Befehl kam von ganz oben. Tut mir leid." Mit diesen Worten folgte er dem gleißend-hellem Licht und ging hindurch. Zurückblieb Madame L. Sie schaute traurig an sich herunter. Die Tür war schon fast zugefallen, als sich Mr. T umzuentscheiden schien. Er stieß die Tür wieder auf und sagte: „Du hast Glück Madame, da fordert jemand anderes nach mir. Es gehört dir, pass gut drauf auf, beim nächsten Mal könnte ich nicht so gütig sein."
Und so erleuchtete die Tür in allen Farben und das gleißend helle Licht nahm Gestalt an und wurde zu einem kleinen Engel: „Na dann kommen Sie Madame L, es wäre mir eine Ehre sie bekannt zu machen."

Nailbiter

„August bitte, nimm die Finger aus dem Mund!"
Mit großen Augen starrt August seine Mutter an und nimmt langsam die Hand weg.
„Jetzt schau doch nicht so, du weißt, dass Nägel kauen, eklig ist."
Stumm nickt er nur. Dann wandert sein Blick von ihr weg zur Süßigkeiten Theke. Viele verschiedene aberbunte Zuckerleckereien mit noch exotischeren Geschmacksrichtungen liegen kunstvoll drapiert genau auf seiner Augenhöhe.
„Was möchtest du denn gerne haben, Kleiner?", dumpf und schwer erklingt die Stimme des stämmigen, großen Mannes, doch ein Lächeln so breit wie seine Theke erobert dessen Gesicht.

Seine Mutter sieht nun wieder lächelnd auf ihn herab, streichelt über seine wilden braunen Locken. „Na los, nicht schüchtern."

Daraufhin führt August seine linke Hand wieder zum Mund, aufgeregt kauend zeigt er nun langsam auf drei verschiedene Süßigkeiten.

„Sicher, dass die nicht noch zu groß sein werden?"

Hektisch schüttelt August den Kopf und zeigt seine Hände. Sie sind abgekaut und verbraucht. Die Farben der Lollistangen verblasst.

„Ach und eine neue Zunge also auch, wie es scheint." Der Mann schaut nun auf die Mutter, die das nur sanft und mit glasigen Augen abnickt. „So sei es. Kommst du zu mir nach   hinten?"

Nach wenigen Minuten kommt August wieder nach vorne. Mit der linken verbesserten und verlängerten Hand schon wieder in Mundnähe, murmelt er leise: „Ja ich weiß Mama, ist eigentlich eklig, aber du weißt, ich schmecke gut."

<u>TFT</u>

Der Vertrag mit dunkler Tintenfischtinte
Unterzeichnet und doch würde die Finte
Zur blauen nicht Tintenfischtinte
Auffliegen „Arr, immer dieses Rumgesprinnte"
würde der Pirat rufen und den geglaubten nicht-Tiefseetinten-unterzeichneten-Tintenfischtintenvertrag zerreißen.

Philosophierend sitze ich da. Und während ich so meine Gedanken denke über Tod und Leben bleibe ich schweifend an diesem Gedanken hängen:

Die Zeit, die jeder hat, ist begrenzt. Von jetzt an noch ein paar Augenblicke, Momente, Minuten, Stunden, Tage, Wochen, Monate bis Jahre. Wie viel es noch ist, kann keiner genau sagen. Klar könnte man diesen Gedanken auf vielerlei Art runterbrechen, doch ich möchte auf einen unausgesprochenen Gedanken meinerseits hinweisen.

Die Zeit, die jeder hat, ist begrenzt. Es ist egal, wie alt du bist. Vielleicht bist du fünf, siebzehn, vierundvierzig oder einhundert. Wenn dein Moment gekommen ist, dann ertrinkst du, stirbst beim Motoradunfall, wirst vom Krebs überwältigt oder einfach durchs Alter dahingerafft.

Die Zeit, die jeder hat, ist begrenzt. Also frage ich mich: Wieso tue ich mir das alles überhaupt an? Warum verschwende ich meine wertvolle Lebenszeit mit Dingen, die mich nicht erfüllen? Wer weiß, vielleicht sterbe ich morgen. Ein blöder Zufall und tot. Niemand weiß, wie oft er dem Tod gerade noch so entkommen ist. Es reicht ein Moment. Eine andere Entscheidung. Nur eine winzige Veränderung. Die Entscheidung bei den Großeltern zu bleiben, den sicheren Weg zu wählen. Einfach nicht auf das Motorrad zu steigen und sich stattdessen fahren zu lassen. Viele kleine Entscheidungen. Niemand weiß so wirklich, dass wenn er durch diese Tür geht, er je wieder kommt. Es würde keiner wissen wieso. Ständig sterben Kinder, Jugendliche, junge Erwachsene, wieso also nicht ich?

Die Zeit, die jeder hat, ist begrenzt. Sie ist wertvoll und am Ende des Tages mit das Wertvollste, was wir besitzen. Du bestimmst, was du damit anfangen willst. Also verschwände sie nicht mit Sachen, die dir keinen Spaß machen. Du kannst nie wissen, wann der Tod an deine Tür klopft, dich hinaus bittet und sie hinter dir wieder schließt. Entscheide dich bewusst fürs Leben, mach die Reise, iss die Schokolade, weine auch mal, umarme deine Freunde, denn das ist das Leben. Und wenn du dann irgendwann in deinem Moment durch die Tür gehst, kannst du mir hoffentlich verraten, dass es sich gelohnt hat, auch mal seine Zeit zu verschwenden mit Sachen die spaßfressend unerfüllend waren.

Die Zeit, die jeder hat, ist begrenzt. Ich verstehe nun, warum man auch Sachen machen muss, die keinen Spaß machen. Denn dadurch heben sich die spaßmachenden Dinge noch mehr hervor.

Ronja Fischer

<u>Fußgängerzone</u>

Sonniger Sonntag, Fußgängerzone, du läufst an mir vorbei

Du und ich
Unsere Blicke treten in Kontakt
Blickkontakt

Die Augen sind die Fenster unserer Seelen
Ein Einblick ins Innerste, in das, wonach wir uns sehnen
Sehnsucht und die Sucht nach dem Sehnen
Sehnen nach Liebe, Innigkeit, Nähe, Hoffnung, Glaube,
Philosophie, Kraft, Poesie
Und die unendliche Unendlichkeit der Fantasie

Du und ich
Unsere Blicke treten in Kontakt
Blickkontakt
Klick – Kontakt
Wir beide in einem Takt
Der Stromkreis intakt

Du und ich
Unsere Blicke treten in Kontakt
Blickkontakt

All die Sorgen, all der Schmerz
All das belastet mein kleines Herz

Die Augen weit auf
Der Inhalt der Seele nimmt freien Lauf

Einfach geradeaus heraus
Denn bei dir bin ich zuhaus'

Du und ich
Unsere Blicke treten in Kontakt
Blickkontakt
Ein Blick, nun habe ich dich, der mit mir meine Sorgen
hält
Ein Blick und auf einmal wird meine Welt erhellt

Die Erfüllung meiner Sehnsucht
Das ist das, was mir gefällt
Denn durch dich wird

Aus bad beat
Aus Leid ein Lied
Aus Hass wird „lass die anderen doch machen"
Aus Trauer wird das Bewusstsein für die Lebensdauer
Aus Wut wird Löwenmut
Aus Schmerz wird ein erfülltes Herz
Und die Angst verschwindet, sie wird zu „ich kann's"

Du und ich
Unsere Blicke treten in Kontakt
Blickkontakt
Es hat klick gemacht

Wenige Sekunden, ein Hauch von Magie
Du gehst weiter und mit dir die Unendlichkeit der Fantasie

Kalenderblatt

Die Sonne spiegelt sich glänzend im Meer,
Ein Boot liegt im Hafen,
Kinder spielen am Strand.

Einst war ich auch ein Kind,
Als mich Fremde fragten,
Was ich einmal werden will.
Mit Stolz hab' ich gesagt:
„Vielleicht Doktor oder Richter,
Vielleicht Koch
Oder irgendwann mal Dichter!"

Schwungvoll reiße ich das Kalenderblatt ab.
Mit ihm verschwindet die glitzernde Sonne.
Juli wird ersetzt durch August.

Natürlich ist mir seit Wochen bewusst,
Dass mittlerweile September war.
Wahrhaben will ich es trotzdem nicht,
Denn nichts ist mehr so,
Wie es einmal war.
Die Kinderschuhe wurden ausgetauscht durch ein größeres Paar.
Ein Schuh mir angezogen,
Der gar nicht richtig passt.
„Aber mit den richtigen Einlagen

Ist die Lücke nicht mehr ganz so groß."
Ich folge ahnungslos Deichmanns Rat.
„Noch ein Imprägnierspray dazu,
Für stürmische Zeiten?"
Ich nickte,

Auch wenn ich wusste,
Dass meine Schuhe trotzdem volllaufen würden,
Wenn mir das Wasser einmal bis zum Halse stand.

Gar nicht so unwahrscheinlich,
Wenn man von Beifahrer zu Fahrer befördert wird
Und das Steuer nun selbst in der Hand hat.

Das Leben gerät schnell mal ins Wanken.
Noch viel öfter als so schon,
Wenn backbord und steuerbord regelmäßig vertauscht
werden.
Der Rechts-Links-Schwäche ist an der Stelle zu danken.

Schwungvoll reiße ich das Kalenderblatt ab.
Mit ihm verschwindet der Ausblick auf stürmische Zeiten.
August wird ersetzt durch September.

Und irgendein Fremder
Wird mich später einmal fragen,
Was ich geworden bin.

Mit Stolz will ich dann sagen:
„Weder Doktor noch Richter,
Nicht Koch
Naja manchmal zwar Dichter,
Aber vor allem bin ich eins
Und zwar meinem Glück ein Schritt dichter!"

Lieblingseissorte

Liebe ist die Heizung des Körpers
Der Kloß im Hals ist wie der Dreck im Abfluss – da stört
was

Die Sprache ist das Fenster zur Seele
Mein Schicksal, das sind die Wege, die ich täglich neu
wähle

Der Himmel ist das Zuhause für verlorene Seelen
Aufsteigende Luftballons sind die Chancen, die wir
verfehlen

Dreck ist die Sprache der Vergangenheit
Du bist wie ein Schurke – immer zu einer Schandtat und
zum Pferde stehlen bereit

Platzende Seifenblasen sind freiwerdende Träume
Fenster sind die Augen der Räume

Der Duden ist wie alle Bücher nur eine vertauschte
Reihenfolge der Worte
Und dich lieb ich wie meine Lieblingseissorte

<u>Mit dem Finger zeigen sie auf mich</u>

Sie dachten ich wäre schwul, aber das bin ich nicht. Gemobbt haben sie mich, ausgeschlossen. Durch sie fühlte ich mich schlecht und schwach. Mit dem Finger zeigten sie auf mich und tuschelten, doch warum? Weil ich anders bin als sie?
Ich bin Emil, 17 Jahre alt. Nachdem Sie die ersten Zeilen gelesen haben denken Sie bestimmt so etwas wie: "Mal wieder ein Teenager, der über seine Problemchen jammert. Als hätten wir nicht genug mit uns zu tun!" Oder? Aber bitte geben Sie dieser Geschichte eine Chance und lesen Sie bis zum Ende. Dann können Sie ja immer noch sagen: „Habe ich es doch gleich gesagt."
Schon mit fünf Jahren bemerkte ich, dass ich anders war als die anderen. Alle anderen spielten Fußball, doch ich war anders. Ich spielte lieber mit den Puppen, die ich zu Weihnachten bekommen hatte. Später schlich ich mich in das Schlafzimmer meiner Eltern und zog mir Mamas Kleider an. Es war nicht zu vermeiden und bald bemerkten es meine Eltern und redeten mit mir. In diesem Moment begriff ich etwas, was ich eigentlich schon all die Jahre gespürt hatte. Ich bin transsexuell.
Sie haben gefasst reagiert. Das entsprach nicht meinen Erwartungen, aber dafür meinen Hoffnungen, was mich von einer unglaublichen Last befreite. Aber da ist noch mein Bruder. Als Problem darf man ihn nicht bezeichnen, aber Jonas ist 21 und das Ideal eines Mannes. Er ist durchtrainiert, bei allen beliebt und hat eine hübsche Freundin. Daher kann er meine Empfindungen nicht nachvollziehen. Er fühlt sich in seinem Körper wohl, lebt es aus er selbst zu sein. Trotzdem unterstützt er mich wie meine Eltern. Ich sage immer zu ihm er soll sich vorstellen, dass er genauso fühlt wie jetzt nur dabei sieht

er aus wie ein Mädchen. Er sagt immer, dass er sich das nicht vorstellen kann. Ist schwer, aber so geht es mir jeden Tag.

Ich stehe vor dem Spiegel und schaue mich an. Wie sehr ich meinen Körper hasse. Tränen laufen über meine Wange. Kurz darauf finde ich mich schluchzend und zitternd auf dem Boden wieder. Ein erbärmliches Häufchen Elend schaut mich an. Es dauert etwas bis ich realisiere, dass das ich bin.

In dem Moment kommt Jonas ins Bad. Ich spüre seine Hand auf meinem Rücken. Er wischt meine Tränen weg und flüstert leise: „Tilda, warum weinst du? Siehst du nicht, wie schön du bist?". Dies löste etwas in mir aus, was man mit Worten nicht beschreiben kann. Tilda! Das ist mein Name. Das bedeutet Kämpferin.

Es ist die Ruhe und Vertrautheit, die er ausstrahlt, denn ich erzählte ihm jetzt alles. Wie sie mich beleidigen und mobben. Die ganze Zeit trage ich diese Last auf meinen Schultern, kann mit niemandem reden, außer mit ihm. Bei ihm fühlt es sich so an, als würde ich nach einer langen, anstrengenden Reise nachhause kommen. All der Kummer, die Angst vor dem, was morgen kommt, sind weg. Ich breche in seinen Armen zusammen, merke wie mir das alles zu schaffen macht, wie erschöpft ich bin, wie kaputt. „Weißt du Emil, die haben keine Ahnung, wer du bist. Solche Leute können dich zerstören, aber nicht, wenn du an dich glaubst. Ich hoffe, dass diese Menschen einmal begreifen, um was es im Leben geht. Aber glaub mir, wenn ich dir sage, dass du es schon längst verstanden hast. Bis es soweit ist reicht es, wenn wir beide wissen, was wir wollen, wissen wer wir sind und was es bedeutet du selbst zu sein. Vor uns liegt noch ein langer Weg, der viel Kraft kostet, aber zusammen schaffen wir das. Ich liebe dich. Du bist und bleibst für immer meine kleine Tilda."

Nachtgespenster

Lautes Weinen reißt mich aus dem Schlaf...
Dem Schluchzen folgt ein herzzerreißendes „Mama!". Noch völlig schlaftrunken torkele ich in aus dem Bett in das Zimmer nebenan. Im Schein des kleinen Nachtlichts kann ich Emma erkennen, wie sie ganz aufgelöst in ihrem Kinderbettchen liegt. Ihre Augen sind gerötet vom Weinen. „Mama!" sagt sie erneut. „Alles wird gut mein Schatz, Mama ist bei dir!" flüstere ich ihr leise ins Ohr während ich sie auf meinen Arm nehme und langsam zurück ins Schlafzimmer gehe.
Als wir dann wieder eingekuschelt im Bett liegen fängt sie an zu erzählen: „Mama, weißt du... Da waren schon wieder Gespenster. Und... Und ich hatte solche Angst."
„Ich glaube dir, dass du Angst hattest! Aber jetzt brauchst du dich nicht mehr zu fürchten. Sie sind weg und du bist in Sicherheit!"
Ich ziehe sie noch dichter an mich heran, um ihr zu zeigen, dass ich bei ihr bin. Ich streichele ihr ganz zärtlich über den Kopf und schon nach wenigen Minuten merke ich, dass sie eingeschlafen ist.
Doch meine Gedanken stehen nicht still. Sie Kreisen immer weiter. All die Sorgen und Ängste... sie wirbeln in meinem Kopf umher... Genau so wie Geister...
„Sie sind weg" eigentlich eine Lüge, die größer nicht sein könnte. Denn sind wir mal ehrlich...
Nachts, wenn alles leise ist, dann werden sie ganz laut
All die Gedanken, die sich über den Tag angestaut
Nicht raus getraut und innerlich fest geglaubt
Sie wären längst verschwunden
Sie hinterlassen Kriegswunden
Ich mache Überstunden
Denn wenn es ruhig ist, dann füllen Sie die Stille

Sie kommen mit Kanonen, schießen ihre Patronen
Personen, Optionen, Emotionen
Eigentlich Sperrzonen
Doch meine Neuronen sind anderer Meinung
Halten es für richtig, all die Personen, Optionen, Emotionen durchzuleuchten und die Sperrzonen zu sprengen
Die Gedanken sind wie Gespenster
Angsteinflößend doch eigentlich nur Seelenfenster
Sie sind wie unsichtbare Kreaturen
Hinterlassen ihre Spuren in Form von hässlichen Blessuren
Denn Stunden später - ich bin immer noch wach- liege auch ich weinend in meinem Bett.
Habe Angst vor den Gespenstern. Nicht die unter meinem Bett, aber die in meinem Kopf.
Geformt aus schrecklichen Gedanken
„Sie sind weg" eine Lüge, die größer nicht sein könnte.

Aber ich schwöre mir ganz feierlich - ihr Gespenster, ihr kriegt mich nich'.
Und du Emma... Dich liebe ich.

<u>Platzverweis</u>

Tik Tak die Schuluhr und dein Leben in einem Takt
Grau in Grau dein Alltag und dein Leben in einer Farbe
Monochrom
Monoton
Dein Leben nicht zu unterscheiden in einer Million
Keine Spur von eigener Kreation
Amazon bietet's gleich im Doppelpack –
Sonderpostensparaktion

Doch was ist, wenn das Leben auf einmal Tak Tik macht
und nicht mehr Tik Tak?
Was, wenn es auf einmal in einem hellen Rosa-Rot strahlt
und nicht in Graustufen verstaubt?

Ich schätze das nennt man Veränderung
Veränderung und Neuanfang
Du solltest vielleicht mal anfangen und neu anfang'
Denn deine Zukunft liegt jetzt vor dir, wie ein neuer Raum
Man spürt es kaum
Doch deine Farbpalette ist nicht mehr schwarz-weiß
Platzverweis fürs staubige Grau
Platz geschafft für neue Erlebnisse in Rot, in Gelb, in Grün
und in Blau.

Vorschlaghammer

Who cares if one more light goes out?
Wen interessiert's, wenn ein weiteres Licht ausgeht?

Was, wenn dein Licht ausgeht?
Mich würde's interessieren.
Der Kummer wäre so stark, ich könnte nichts mehr
kontrollieren
Meine Gefühle würden explodieren
Ich würde implodieren
Hätte nichts mehr zu verlieren

Doch dein Licht brennt noch mit voller Kraft
Ich kann mir nicht vorstellen, dass es jemand schafft es zu
vernichten
Wirklich in keinerlei Hinsichten
Denn gerade erst hast du mich besucht, bei mir zuhaus'
Dein Licht geht noch lange nicht aus

Und ganz plötzlich ist dein Licht dann doch ausgegangen
Jemand hat es sich rausgenommen
Dein Licht einfach ausknipst
Wie ein riesen Knall vom Schlagzeug Drummer
Jemand kam mit 'nem Vorschlaghammer
Und mich interessiert's
Denn dein Leben - einfach ausradiert
Da wo du warst ein leerer Platz in meinem Herzen
Das einzige Licht, das jetzt noch brennt, das sind die
Friedhofskerzen

Und ich stehe nun hier
Gerade eine Kerze angemacht
Schaue auf zum Himmel mitten in der Nacht

Irgendwo gurren Tauben
Ich bilde mir ein, ich schaue ganz tief in deine Augen
Denn ich glaube, du sitz jetzt auf einer Wolke dort oben
Ich immer noch hier auf dem Erdboden
Der Abstand zwischen uns viel zu groß

„Hätt' ich bloß…" Bringt mich nicht weiter
Aber hätt' ich bloß öfter gesagt, wie lieb ich dich hab.
Vielleicht wär' das ja Grund genug gewesen
Denn der jemand mit dem Vorschlaghammer hätt' geseh'n,
dass sich welche interessieren
Eigentlich doch leicht zu buchstabieren
Was gibt es denn zu verlieren?
Ich hab' dich lieb
Vielleicht nicht Grund, aber möglicher Weise letztes Glied
Das letzte Glied der Kette, die eigentlich schon zerrissen
war

Aber die Dunkelheit war mir ein Zeichen
Denn ich lass' nun keine Zeit mehr verstreichen
 Stell' alle Weichen, wie ich sie brauche
Ein Neuanfang
Neuer Anfang
Das neue Leben, das mit deinem Ende begann

Und wenn ich dir eins mitgeben kann, dann:
„Ich habe noch so viel Zeit" ist die größte Lüge, die ich je
gehört habe
Denn der mit dem Vorschlaghammer, der kennt keine
Gnade

Vielleicht glaubst du nicht an ein Leben danach
Aber ich stehe immer noch hier, als es zu regnen beginnt

Dicke Tropfen landen wie Tränen auf dem schon
verwelkten Rosenstrauch
Mein Blick zu dir in den Himmel, denn ich vermiss' dich
auch

*(Ausgezeichnet beim Eva-Hoffmann-Aleith-Preis 2022 in der
Kategorie Lyrik)*

Lea Sophie Gottschalk

<u>Anstatt dass</u>

Anstatt dass, anstatt dass sie die Welt retten,
gemeinsam Hand in Hand, achten sie nur auf sich selbst,
schauen nicht nach rechts, nicht nach links.
Sie scheinen einsam, verloren, mit ihren eigenen
Gedanken.
Scheinen nicht eine Sekunde an den Gedanken zu
verschwenden sich zusammenzuschließen.
Gemeinsam für eine bessere Welt.
Anstatt dass, anstatt dass sie die Welt gemeinsam retten,
denken sie nur an sich selbst, an ihren eigenen Erfolg,
ihren eigenen Problemen, sie reden nicht mehr und helfen
sich nicht.
Weil niemand spricht, denken sie, sie seien allein.
Eine traurige Welt.
Sie ziehen sich zurück,
und verrecken dann natürlich glatt im Dreck.

<u>Ist es Irrtum oder gar Lüge</u>

Ist es Irrtum oder gar Lüge
Es scheint trüb so wie Milch mit Honig
Im Schatten und in der Sonne spiegelt sich die Farbe der
Sehnsucht und plötzlich lernen wir träumen und
vergessen die Wirklichkeit
Wann werden wir wach sein für unsere Träume und wann
ehrlich genug zu sein dass wir uns gegen die Wirklichkeit
wehren?

<u>Dort wo man Bücher verbrennt…</u>

„Dort wo man Bücher verbrennt …"
ja, wie war das eigentlich, damals mit freier Meinung, freier Presse? Wo sind sie hin, all die ach so toleranten Menschen? Hat es sie eigentlich jemals wirklich gegeben? Sie verschließen die Augen, bloß nicht hinsehen, sie laufen mit dem Strom, bloß nicht auffallen, sie versiegeln ihre Lippen, bloß nichts Falsches sagen. Die Mutigen, sie schreiben, verfassen, sie berichten. Wenn sie Glück haben werden ihre Schriften veröffentlicht, gedruckt. Falls nicht, landen sie im Untergrund. Verboten. So macht doch endlich eure Augen auf! Sie schreiben, sie schreiben und schreiben, doch niemand traut sich zu lesen. Wie die Sklaven ihrer selbst, hören sie nur noch das, was sie hören sollen. Vielleicht geben die Mutigen irgendwann das Schreiben auf und dann
„ …verbrennt man auch am Ende Menschen."

(inspiriert von Heinrich Heine)

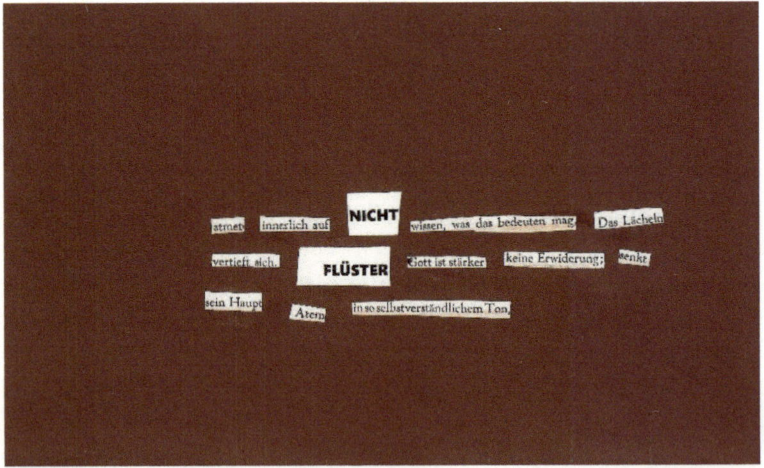

Sophie Kamann

<u>Ankunft</u>

Meine Stimme suchte
nach den Armen des Frühlings
und die Kälte zog
als Vogelflucht vorbei
das Schweigen der Felder
mein einsames Lied.

Doch wie das Fenster nach dem Licht
ruft dein Name mich an eine Tür
Gras schmiegt sich an den Wind
ich bleibe nicht als Fremde
man sagt
ein Jahr vereint
ferne Flieger am Horizont kreuzen
ihre ahnungsvollen
Melodien.

<u>Aufbruch</u>

Dieser Himmel
hält uns in seinen Taggedanken
nicht gefangen.
Er ist weiter, als dieser Berg
uns erlaubt.
Vielleicht gehen wir fort.
Vielleicht folgen wir
den Windrädern und Strommasten,
finden woanders unsere Energie.

Im Rückblick
ist alles zu schön
um zu gehen.
Im Weitblick ist
dieses Blau
nicht blau genug,
um unseren langsamen Aufbruch
zu betäuben.

Wir gehen.
Die Provinz lebt trotzdem weiter.

Die Schönheit Deiner Scherben

Sie zeigt mir,
dass Du mehr bist als zersprungen
und gläsern verwelkt.
Deine Fragmente
geben Raum
den Wurzeln, um die ich Dich beneide.
Wie kann ich aus Schmerz
so sehr wachsen wie Du?
Ich liebe Dein Gemälde,
das mir aus der Dunkelheit entgegenstrahlt.

Unsere Herzen sind nur eine Leinwand entfernt.
Du baust aus Deinen Rissen
Fenster und
beantwortest meine verschlossenen Türen.
Du brichst verhasste Spiegel,
die mich nie zeigten,
wie ich bin.
Ich komme zu Dir und verlasse mich.
Wir sind nicht ganz.
Doch die Schönheit Deiner Scherben
ist für Dich und mich
stets unzerstörbar.

<u>Erkannt</u>

Was kennen wir, wenn es nicht Liebe ist,
die aus zweierlei Nichts ein Leben erschafft,
die den Tag in unsere Träume schreibt
und die Seite zum Erwachen blättert,
die schon vor der schüchternen Frage
mutig Antwort gibt,
die zum Fallen bringt, ohne loszulassen,
die mit ihrer heilenden Flamme
Zweifel wie vertrocknete Blumen niederbrennt,
die aus der Asche Überfluss und bunte Wunder
in die graue Atmosphäre zieht,
die Vergangenheit und Zukunft
in einem Satz vereint,
die jedem von uns gegeben ist
und bedingungslos berührt.
Was spüren wir, wenn es nicht Schatten sind,
deren Flucht unser dunkles Herz
ins Licht erleichtert?

Prignitzliebe

Nachtbetrunken
weggetreten deine Schritte
Hand in Hand mit meinem Schatten taumelnd
durch den Märkischen Sand
und tausend Sinfonien ergießen sich aus
den Wiesen in den Sternenhimmel.
Auf nimmer Wiedersehen mit dem Tag leben
wir im dunklen Rausch der Bäume inhalieren
jede Note des Glücks
den anderen einmal
fern zu sein
und schmecken letztes Licht des Dorfes süß
wie Sommergras.

Prophylaktisches Exil

Prophylaktisches Exil

Der Krieg ist so nah.
Wir könnten gehen,
Gedanken an unsere Heimat
wie den Tränenfluss, den man nicht will,
zur Unkenntlichkeit stauen.
In ein neues Leben
jenseits von Verantwortung
über die Meere fliegen.
Wir lassen Bomben
einfach
unsere Schatten verfolgen.
Wir könnten,
und ich fürchte, du willst.
Doch die Toten werden
ihre Gräber nicht verlassen,
um uns aufzuhalten.
Ihre Antwort deutet stumm:
Wir werden enden wie sie.
Frieden erfindet sich nicht von allein.
Und selbst für deine Angst
gibt es irgendwann
nicht mehr genügend Meere.

<u>Sterne</u>

Einsam versuche ich
fliegen zu lernen
- ohne Leichtigkeit in mir.
Verkrampfte Flügel heften mich an den Boden
der Rand des Tages öffnet
Schluchten so tief in mir
gefüllt mit nichts als Lügen.

Doch da stehst Du
und sprichst mit dem Wind
als wäre er Dein Freund
Du kennst seinen Weg nicht
und vertraust ihm dennoch ganz
Du zeigst mir
dass es mehr gibt als den Kampf
und dass
zu schweben bedeutet
sich selbst loszulassen
ohne sich selbst zu verlieren.

Der Himmel leuchtet nachts
viel schöner
wenn wir gemeinsam fliegend
seine Sterne sind.

<u>Vogelfrei</u>

„Ich bin ein Käfig", sagtest Du und blicktest mich an, Augen rastlos flimmernd, für einen Moment schienen Gitterstäbe darin aufzublitzen.
„Ich bin in mir selbst gefangen. Und zu Besuch kommt eigentlich nie jemand, außer Dir."
Ich schluckte, und dachte an uns. Ja, ich verstand Dich. In dem Moment, als Du auf der Suche nach mir den regengepeitschten Parkplatz durchkämmt, Dein Haar in meiner Autotür eingeklemmt und den Regen in Deine Augen gelassen hattest, konnte ich es zum ersten Mal sehen. Du hattest sonst niemanden. Nicht einmal einen Schirm.
Und mir wurde bewusst, dass nicht mein Auto Dein Schutz war, sondern ich selbst. Dennoch war ich auch ein Niemand. Niemand, der den Donner für Dich aufhalten konnte.
Doch in Deiner Verzweiflung sahst Du das anders.
„Ich weiß nicht, wie frei ich überhaupt noch sein kann, wenn das alles hier zu Ende ist. Kann man das verlernen, Freiheit?"
Ich schwieg. Ich war nicht derjenige, der diese Frage beantworten konnte oder durfte. Es tat weh, dass Du es von mir verlangtest. Du hättest Antworten von anderen verdient, die es Dir so viele Jahre lang schuldig gewesen waren.
Du erwidertest mein Schweigen. Ich hörte etwas brechen. Deine Gitter stiegen feucht empor, Du begannst, zu zittern.
„Du musst einfach durchalten." Ich versuchte, Dir zumindest ein wenig von dem zu geben, was Du in mir suchtest.

Du warst ein Kind und bist es heute noch. Ein Kind, das mit den Emotionen anderer wie mit Bauklötzen spielt. Und dabei so viel gibt – aber noch mehr auf sich nimmt. Ich war nie das, was Du wirklich brauchtest. Obwohl ich es gerne für Dich geworden wäre. Geblieben wäre. Bei Dir in all der Angst.

Du gingst an diesem Tag - mit dem Gefühl, alles verloren zu haben. Aber ich wusste, Du würdest morgen wiederkommen. Und auch am Tag danach. Harrend, hoffend.

Ab sofort war mir bewusst: Ja, Du bist ein Käfig. Ein Käfig aus blank geschliffenem, kaltem Messing, mit einem warmen, zerschundenen Herzen darin. Ich würde es nicht heilen können. Vielleicht wusstest Du das. Und vielleicht hattest Du meine großen, goldenen, ausgebreiteten Flügel erkannt. Denn Du bist ein Käfig. Ein Käfig auf der Suche nach einem Vogel.

Rike Kisten

<u>Leben</u>

Was bringt mir das Leben wenn es leicht wär?
Wenn alles richtig ist
Und nichts falsch wär
Was wenn die Welt nur noch bunt und alles liefe rund.
Wär das ein Leben?
Ohne all den unnötigen Fehlern
Macht das Ganze dann einen Sinn?
Wenn alles stimmt und jeden Tag was Perfektes beginnt.
Wär das ein Leben?
Ohne all den unnötigen Fehlern, ohne den zeitkostenden Umleitungen.
Doch wäre es dann wirklich so perfekt, wenn sich nicht an jeder Ecke ein Problem versteckt.
Wär das ein Leben?
Ohne all den unnötigen Fehlern, ohne den zeitkostenden Umleitungen, ohne den sinnvollen Fehlern.
Denn aus Fehlern lernt man.
Für jedes Problem gibt es eine Lösung.
Für jede Lösung ein Problem.
Eins ist sicher, solange wir Fehler machen, könnte unser Leben nicht besser sein.

Neustart, Neubeginn, Neuanfang

Neustart, Neubeginn, Neuanfang!
Neu beginnen, neuer Sinn,
Abstand zu dem Alten finden.
Soll ich vergessen, was war?
Will ich wissen, was wird?
Jetzt hier sein und nicht dort.
Ist die Zukunft ein neuer Ort?
Ist die Vergangenheit dann fort?
Ich muss die Vergangenheit verlassen,
um das Jetzt nicht zu verpassen.
Neustart, Neubeginn, Neuanfang!
Ich sehe ein, dass es mal war,
doch der neue Sinn vom Neubeginn ist nicht glasklar.
Ich bleibe kurz stehen, blicke zurück,
doch ich weiß, mich erwartet auch neues Glück.
Jeder geht manchmal Umwege,
wir laufen mal schneller, mal langsamer, mal links, mal
rechts.
Jede Abbiegung, die wir wählen,
enthält Erinnerungen, die für immer zu uns zählen.
Ich lasse Vergangenes hinter mir,
doch werde all das Wunderbare niemals verlieren.

Tunnel

Ich gehe durchs Leben auf den Wegen des
Lebens, doch ist der Weg vorgegeben?
Einer der keine Abweichungen gibt, wie
ein Tunnel dessen Wände mich führen,
dessen Gang ich folge.
Doch wird dieser Tunnel mir die Luft
abschnüren?
Und dann, ein Notausgang,
ich muss raus, weg, auf und davon,
weg bis ich nicht mehr sehe diese Asche,
weg bis ich alles hinter mir lasse.
Und jetzt, ist alles für immer verloren?

Angelina Lange

<u>Erich Kästner: Die Wälder schweigen</u>

„Mit Bäumen kann man wie mit Brüdern reden
Und tauscht bei ihnen seine Seele um."

<u>Der Boden der perfekten Unperfektheit</u>

Ich bin perfekt darin, unperfekt zu sein.
Ich sehe nicht besonders gut aus, kann nicht gut lesen oder interpretieren, bin nicht sozial oder kreativ.
Immer wieder aufs Neue muss ich mir anhören, ich solle mich doch mal richtig kleiden,
Kleider und Röcke anziehen, weil ich denn ein Mädchen sei, kein Penner.

"Lern doch mal ein bisschen für die Schule! Arbeite fleißiger, härter, schneller, weiter!" sagen sie. Was sie sagen, ist: Du musst das Bild erfüllen, den gesetzten, gar festgelegten Gesellschaftsfiltern der Leute entsprechen.
Immer und immer wieder spüre ich die verurteilenden Blicke der Gesellschaft, denn Urteilen ist das schlichtweg einzige, was sie tun.
Sie haben die rosarote Brille abgelegt, die schwarzweiße aufgesetzt, die durchsichtige tief in einer Schublade begraben.
Von allen Seiten heißt es nur: "Erfülle die Klischees! Passe in die Gesellschaft!" Doch was, wenn ich das überhaupt möchte?
Kann ich nicht den Bösewicht einmal besser finden als den Guten?
Darf ich nicht auch einmal eine Arbeit über Wurzeln, Potenzen oder binomische Formeln verkacken?
Oder doch einmal zu der oversized Jogginghose greifen, statt eine zu enge Basic Jeans anzuziehen?
Kann ich nicht perfekt sein, wenn ich unperfekt bin?

Jeden Monat, jede Woche, jeden Tag wird an dir gefeilt.

Du wirst geschliffen, poliert, blitze-blank geputzt und wieder ins Regal gestellt.

Das Mandala meines Lebens malen sie mit ihren Lieblingsfarben aus.

Wenn ich mit malen will, heißt es, ich dürfe nicht, würde ja sowieso nur über den Rand malen, das Mandala wieder unperfekt machen.

Es heißt: "Bleibt auf dem Teller, wenn du über den Rand schaust, könntest du ja herunterfallen, den Boden unter den Füßen verlieren."

Also schließe ich einfach den Raum mit all diesen Stimmen, die meinen Kopf durchströmen, stehe auf der Schwelle, sehe das letzte Mal zurück und schließe die Tür.

Ich schaue über den Tellerrand hinaus, in einem breiten Lächeln, denn nur ich weiß jetzt, dass ich nicht fallen kann, weil genau unter dem wackeligen Teller bereits fester Boden ist:

Der Boden der perfekten Unperfektheit.

Melissa Neumann

<u>Bahnstreik</u>

Gleis.
Auf dem Boden.
Auf den Bänken
Kein Platz.
Zu viele Menschen.
Wir schauen alle in die gleiche Richtung:
Bildschirm.
Keine Weiterfahrt.
Nerven im Bahnhof:
Blank.
Alte freuen meckern,
Alte Männer atmen schwer,
Kleine Kinder rennen rum
Lachen.
Alle genervt.
Streikt die Bahn
Oder
Streiken die Mitarbeiter?

<u>Bombus</u>

Wie die Bienen, so wollen auch die Hummeln nicht alleine leben. Sie bauen Völker mit kleinen runden Bettchen für jeden von ihnen.
Hat eine Hummelmama mal keine Lust mehr aufs Mamasein, dann spielt sie Kuckuck und legt ihnen Nachwuchs ins Bett der Nachbarin. Dann muss sie aufpassen.
Hummeln und Blumen sind gute Freunde. Damit die Blume groß sprießen kann, bestäubt die Hummel sie mit ihrer langen Zunge.
Jene Hummeln produzieren auch Honig. Aber Gott sei dank nur so wenig, denn die kleine Menge an Honig lohnt sich für uns Menschen nicht, womit können wir ihnen den Honig auch nicht wegnehmen.

<u>Bombus Oden</u>

Hummeln feiern große Partys mit dem Volk
Sie bieten runde Betten zum Schlafen an
Zunge der Hummel liebt die Blume
Sie werden gut beschützt um zu leben.

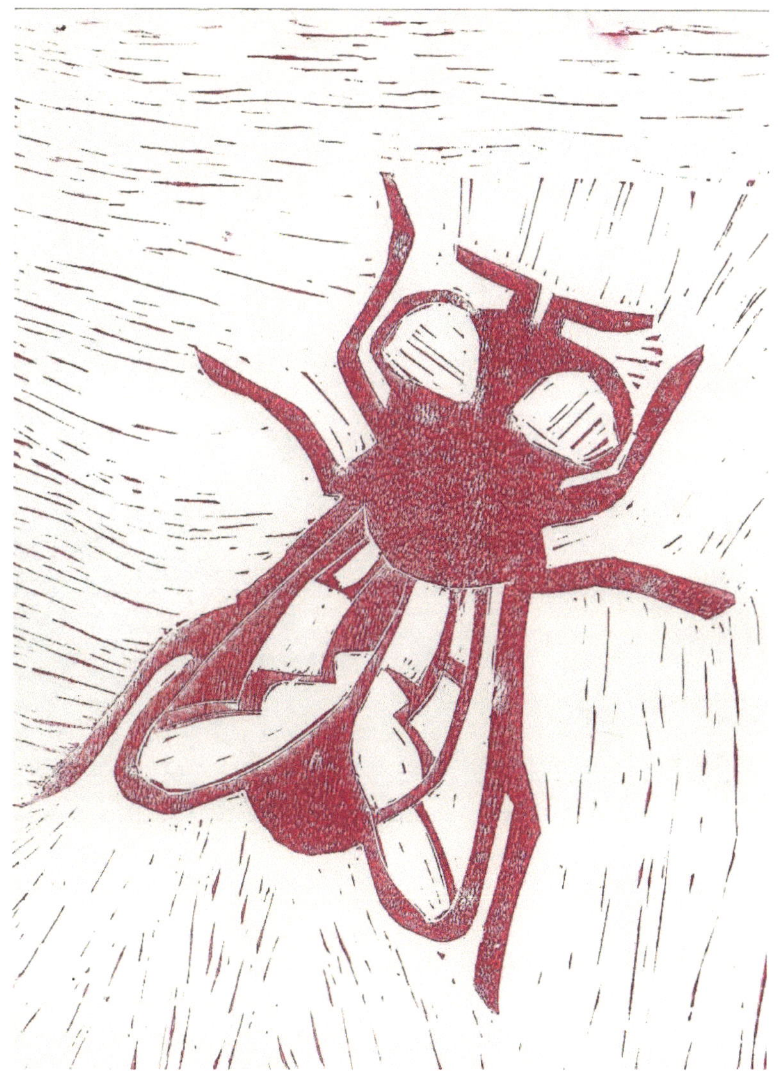

Dasein ohne fühlen

<u>Dasein ohne fühlen</u>

Ich sitze im Park. Mein Herz ist voller Reue. Eigentlich bin ich hergekommen damit ich diese Gefühle mal nicht fühle. Dasein ohne fühlen. Wie ein Vampir, wenn er seinem Opfer das rote Blutaussaugt. Langsam kommt die Finsternis näher. Und der Wind wird stärker. Ich ziehe die Mitgebrachte Decke enger an mich heran. Meine Gefühle sind immer noch da, sie reißen an mir. Heute wieder kein Erfolg. Heute wieder kein Triumpf.

<u>Erster Teil</u>

ERSTER TEIL

Es war still im Garten. Die Straßengeräusche jenseits der Mauer wurden von dem immerwährenden Plätschern des Wasserfalls übertönt. Die Stille war künstlich geschaffen, wie alles im Garten, obwohl alles Natur zu sein schien. So wurde das Wasser von der Straßenseite des Gartens durch eine ganz moderne, hinter einer Felsgruppe versteckte Leitung hinaufgeführt, um von da aus als „Bergbach" herunterzufließen. Halb von Bambusrohr verdeckt, war gegen die hohe Mauer ein Erdhügel aufgeworfen und so gestaltet, daß er fast wie ein Ausläufer der Berge jenseits der Stadt wirkte. Über seinen felsengezierten Abhang ergoß sich der Bach in Kaskaden herunter in einen tiefen, klaren Teich. Drei hohe, vom Alter gekrümmte Kiefern beugten sich über den Teich. Drei nur, aber es ging doch etwas wie ein Hauch nahen Waldes von ihnen aus.

Das Haus an der Nordseite des Gartens war rein japanisch. Es war groß, aber die Dächer niedrig; überhängende Bambuszweige verschleierten halb ihre abschüssigen Ecken und gaben wie weggezogene Vorhänge den Blick auf die mit Papier bespannten Lattenwände frei. Das Haus war aus ungestrichenem Holz, das mit der Zeit eine silbrig-graue Tönung angenommen hatte. Jetzt im Frühling leuchtete eine Fülle blühender Azaleen gegen das weiche Grau.

Großmaulige Frösche

In dem grünen Gewässer
Mangt den Allgen und dem Schilf
Schlafe schleimige Frösche auf aufgeblühten Seerosen
Nach dem morgendlichen Erwachen
Singen sie großmaulig ihre Hymnen

Im eigenen Dreck verrecken

Anstatt dass,
Anstatt dass sie die Welt retten, Müllen Sie sie zu. Sie Müllen sie zu mit Kaugummipapier, mit Zigarettenstummel, mit Coladosen, mit Plastikbeutel und mit allem anderem, bei dem sie zu faul sind, es in den Mülleimer zu schmeißen.
Obwohl, es ist eigentlich egal, ob es den Mülleimer trifft oder nicht, es landet sowieso im Meer. Genauso wie das Öl, welches in den Schiffen ist, die den Müll transportieren.
Und wir denken "Aus den Augen, aus den Sinn". Wenn es im Meer ist, stört es uns nicht mehr. Das haben wir leider nicht richtig durchdacht. Und jetzt stört es uns doch ein bisschen mehr als erwartet.
Die Schildkröten essen die Plastiktüten, weil sie sie für Quallen halten. Den Fischen schmeckt unser Müll, der inzwischen zu Micromüll geworden ist, auch ganz gut. Nur, dass er ihnen nicht guttut.
Somit verrecken die Fische, die Schildkröten und natürlich auch wir glatt in unserem eigenen Dreck.

<u>Liebesgedicht an alle Katzen in meinem Leben</u>

Hat es euch Herz und Augen ausgebrannt?
Seid ihr bis zum Ende des Waldes gerannt?

Vor lauter Euphorie und Intusiasmus bleibt ihr stehn'.
Noch nie habt ihr etwas so schönes gesehn'.

Ihr schaut sie an und seht pures Glück,
ist sie nicht ein Wunderstück?

Ihre Augen so voller Liebe,
das ist es was ich spüre, Liebe.

<u>Viva la Vulva</u>

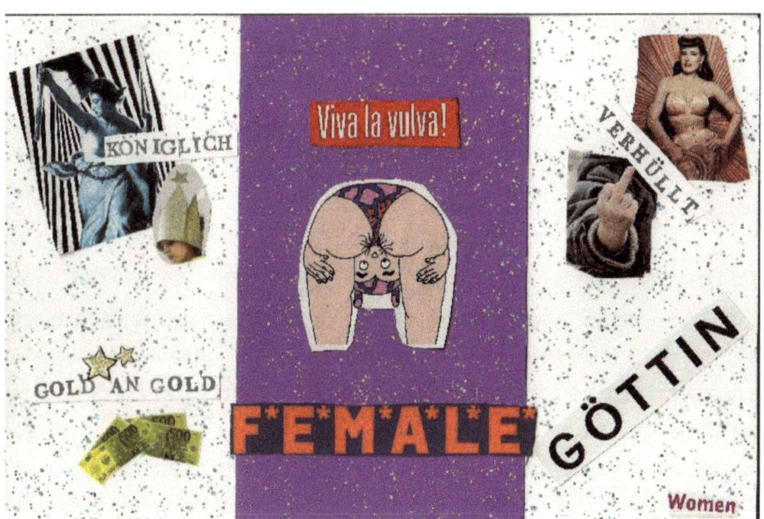

Papa und Maus

A: Du Papa, können Fische sich was erzählen?
B: Also mein Kleiner, ich kann dir sagen, bei uns spielen Ohren für das Hören eine große Rolle. Was schließt du daraus?
A: Dass Fische mit den Schuppen hören? Oder mit den Flossen? Oder Ha, mit dem Herzen!
B: Genau! Sie hören mit dem Herzen. Also hören oder sehen sie nicht so wie wir, aber sie fühlen es, wenn es den anderen schlecht geht. Sie fühlen es, wenn sich die anderen Fische freuen, weil sie Futter entdeckt haben. Also schwimmen sie auch dort hin. Und wenn die anderen Fische Angst haben, weil ein großer Hai kommt, dann schwimmen sie ganz schnell in ihre Häuser und beschützen sich gegenseitig.
A: Hören Haie auch mit dem Herzen?
B: Ne, die hören mit dem Magen.
A: Und warum haben wir dann Ohren, wenn auch ein Bauch reicht?
B: Schätzchen, das war Sarkasmus. Du musst noch viel lernen.
(kurze Pause, 1-2 Sekunden)
A: Papa, was ist Sarkasmus?
B: Das frag mal deinen Opa, der kennt sich da besser aus. Oh, guck mal, wie spät es schon ist, Es wird Zeit fürs Bett. Vielleicht träumst du ja von Fischen die sich etwas erzählen und kannst mir dann morgen früh erzählen, wie sie das machen.
A: Meine Ohren hören ja, es ist spät, aber mein Herz sagt: Nein, es ist noch Zeit! Ich wünschte ich wäre ein Fisch! (seufzer)
B: Ich auch mein Schatz – dann wärst du Stumm.

<u>P.S.: DAS BIN ICH</u>

Ich habe früher etwas anderes gewollt als jetzt, aber das ist okay.

Ich bin kein Mensch der sich sehr gut kennt.
Ich bin niemand, der schnell über seinen Schatten springt.
Ich bin niemand, der auf gute Noten geachtet hat.

Ich bin leider niemand, der sich leicht motivieren kann.
Ich bin leider nicht entscheidungsfähig.

Ich habe keine Ahnung.
Ich habe keine Zeit.

Ich bin noch keine erfolgreiche Journalistin.
Ich bin Gott sei Dank nicht mehr ich vor 10 Jahren.
Ich bin noch nicht glücklich mit mir selbst.
Ich bin volljährig aber nicht erwachsen.
Ich bin erwachsen aber keine Kaffeetrinkerin.

Ich bin ein Fan von Katzen.
Ich bin ein Fan vom Herbst.
Ich bin ein Fan von Listen.
Ich bin ein Fan von Schokolade.
Ich bin ein Fan von One Direction.

Ich habe Farbe unter der Haut.
Ich habe zu viel Social Media Konsum.
Ich habe positive Gedanken.
Ich habe immer Taschentücher dabei.
Ich habe meine Hausaufgaben vergessen.
Ich habe Liebe.

Ich will gut geschriebene Bücher.

Ich will Barfuß laufen.

Ich will, dass jeder Mensch Frieden mit sich selbst schließen kann.

Ich will, dass ihr aufhört einander zu verurteilen.

Film: Kafka

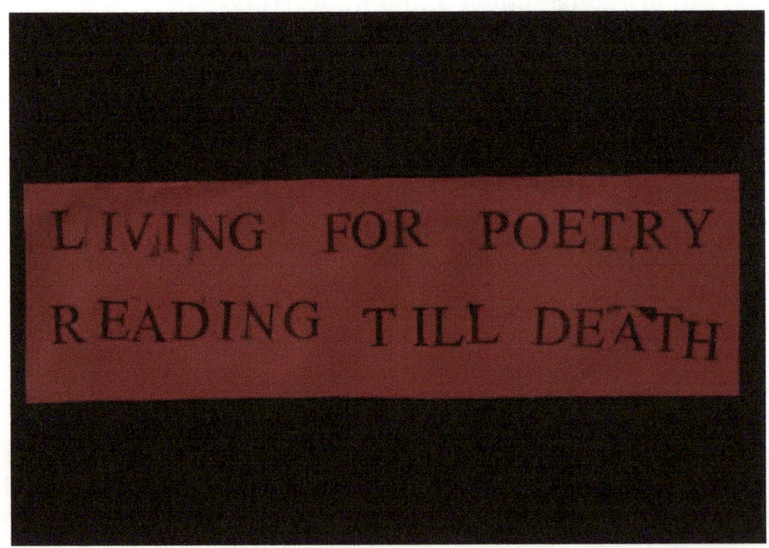

Unterirdisch

Unter der Erde. Unteren Gehwegen und Bäumen und Häusern. Unterirdisch. Was gibt es dort eigentlich? Dreck und Ratten. Aber ich glaube, obwohl es dort unten sehr dreckig ist, fühle sich die Ratten wohl. Sie kriegen nicht viel mit von dem, was über ihnen passiert.
Sie kriegen nichts mit von den Kriegen die wir unnötigerweise führen. Oder von den Flüchtenden Menschen. Sie kriegen nicht mit, welcher Junge heute in der Schule geweint hat, weil er für den Rock den er anhatte ausgelacht wurde. Sie kriegen nichts mit von dem
Mädchen, welches heute vom Sportlehrer angemeckert wurde, weil sie Fußball spielen wollte, aber Fußball „nur was für Jungs sei".
Das alles kriegen sie nicht mit. Weil sie unterirdisch leben, oder weil sie vielleicht einfach nur Ratten sind.

Juliane Vogler

Eigenlob stärkt
(Anlässlich meines Zweitgeburtstages)

Von Angesicht zu Angesicht, ich frage mich, ich frage dich:
„Spieglein, Spieglein an der Wand, sag mir, was ich
wirklich kann."
Du lächelst verschmitzt, verschränkst die Arme vor der
Brust,
denn dir ist ja längst bewusst, dass ich das selber wissen
muss.
Kein Spiegel wird mir zeigen, wer und was ich wirklich bin.
Doch ich kann darüber schreiben und das ist schon der
Beginn.
Ich kann ziemlich gut mit Metaphern um mich schmeißen,
statt die Dinge so zu nennen, wie sie eigentlich heißen,
und mir im Nachhinein auf die Zunge beißen.
Ich kann mir kleine Zehen gut an Schrankecken stoßen,
mit Feinstrumpfhosen an Kanten hängen bleiben.
Meine Superkraft ist mich für nichts so richtig zu
entscheiden.
Zweifellos kann ich gut zweifeln,
ich kann mit Autoreifen den Bordstein streicheln,
(obwohl ich schon passabel parke, es sei denn, es befinden
sich noch andre auf der Straße).
Ich bin Meisterin im Bus- und Straßenbahnverpassen
und kann mich jederzeit auf meine Ungeduld verlassen.
Ich kann mich isolieren, um dann Menschen zu
vermissen,
hab den Master of Desaster und Diplom in Nutzloswisse.
Ich kann tadellos vergessen, was ich gerade noch in der
Küche wollte,
und dass ich die Wäsche noch aufhängen sollte.

Bin unschlagbar im Monopolyverlieren,
und im Für-Essensreste-zu-kleine-Tupperdosen-Wählen.
Ich kann selbst unter drölfzigtausend Kleiderschichten
frieren,
doch zumindest kann ich all das auf der Bühne erzählen.
Und das konnte ich nicht immer. Ich seh mich noch -
vor einem Jahr in meinem Zimmer, von Angesicht zu
Angesicht mit einem Schatten meiner selbst:
„Spieglein, Spieglein an der Wand, sag, was mich
zusammenhält"
und sag mir, wann ich dir und wann du mir endlich
gefällst.
Denn eh du dich versiehst, verschwimmt der Blick, das
Bild zerfließt –
Ich kenn das, wie das ist, wenn man sich innerlich
verbiegt, bis was bricht.
Wenn ich dich frage, wen du liebst, sag mir, denkst du
dann an dich?
Denn manchmal find ich schade, dass wir sowas selten
sagen,
 weil die meisten Sorge haben, das wirke aufgeblasen,
genauso sorg ich mich, ihr denkt bei Arroganz an mich
und diesen Text.
Verhext! Wie wir uns danach verzehren, dass uns jemand
anerkennt,
egal, wie wir uns wehren, ein ernstgemeintes Kompliment
ist Balsam für die Seele.
Also stellt euch mal vor, in einer ganz verrückten Welt,
wäre es normal, dass man sich vor den Spiegel stellt, und
ehrlich Komplimente gibt –
einfach nur sich selbst.
Stellt euch mal vor, wir würden selber anerkennen, was
wir leisten, wer wir sind

Und müssten nicht mehr darauf warten, dass wer anderes annimmt und bestimmt, ob das reicht,

stellt euch vor, es wär ganz leicht, aufzulisten, was man kann.

Duftet es nach Eigenlob? Vielleicht sprüh ich euch damit an.

Denn ich kann – mit Worten tanzen, auf den Zeilen balancieren,

die Poesie da finden, wo sie andere nicht suchen.

Ich kann mich aufs Glatteis wagen, wenn auch nur auf Kufen.

Ich kann immer mehr genießen, rufen: „Himmel, schmeckt das geil!"

Wenn du willst, dann kann ich da sein und ich nehme ehrlich teil an deiner Freude, deinem Leid.

Ich kann sagen: „Ja, ich schaff das, aber ohne Hilfe geht's nicht" (wer weiß, in ein paar Wochen vielleicht sogar auf Schwedisch).

Ich kann froh sein, denn ich lebe und stolz sein, dass ich gebe, was ich kann,

ist: lernen. Ich war, ich bin, ich werde.

Meine Seele kann noch wachsen, solange ich sie nähre.

Und ich kann mich euch ganz aufrichtig verbunden fühlen, eure von Schrankecken verstoßenen Zehe kühlen, mit euch Monopoly spielen (aber ich bin das Auto!), und wenn ich zweifle, kann ich fragen: Sagt mal, seht ihr das genauso?

Wir können einander spiegeln und Ideale zerschlagen, unsere Narben offen tragen, sehen, was wir gemeinsam haben. Lasst uns die Welt ein Stück verrücken, die kann das gut vertragen.

Von Angesicht zu Angesicht, lächeln wir ganz schwesterlich,

„Spieglein, Spieglein an der Wand, ich glaub, ich hab mich
jetzt erkannt."
Sich zu lieben muss man lernen und ich weiß, dass ich
das kann.

EKG einer Dichterin

Herz, du alter Muskelklumpen,
wie lang willst du weiterpumpen,
ohne dabei was zu fühlen?
Herz, du zauderst, zweifelst, zagst,
hörst doch selbst nicht, was du sagst.
Wie soll ich dich erst verstehen?
Herz, mal schwankst du und mal tanzt du,
gib doch endlich deine Angst zu.
Wann lernst du, dich zu verlieben?
Herz, wir haben uns entzweit
Und jeder lebt für sich allein
Was soll das für ein Leben sein?
Herz, du warst nicht meine Wahl,
nur bist du mir auch nicht egal,
warum sind wir so schwierig?

Es klemmt (nicht mehr).

Da ist so eine Tür
die ich allzu oft umging,
obwohl ich an der Klinke hing,
und die Klinke hing an mir.

Es gibt da diese Tür,
wo ich mich Tag für Tag belog
dran stand „drücken" und ich zog
die falschen Schlüsse, denn den Schlüssel
hatte ich schon längst verlegt,
seitdem hat sie sich nicht bewegt.
An der Schwelle festgeklebt
kämpfte ich mit dieser Tür
und hasste mich dafür.

Ich hab da diese Tür
und zweifle oft, wohin sie führt,
doch vielleicht kommt danach ein Weg,
der erst entsteht, wenn man ihn geht.

So klopf ich weiter an der Tür
und endlich weiß ich auch wofür -
wenn du dich zu öffnen traust,
schließt sie dich auch nicht mehr aus.

Ich glaub, ich hab das Schloss geknackt,
und hätte selber nicht gedacht -
der Schlüssel war nicht nur das Wir
sondern der Wundersatz:
„Ich gebe besser auf mich acht"
und öffne euch ab jetzt die Tür
zu mir. Und ihr?

<u>Existierst du noch oder lebst du schon?</u>

Kennst du den Riss im Dasein
Zwischen da und sein
Wer zu nah kommt, fällt herein
Finster, finster
Locken all die Hirngespinste(r)
Finster, finster
Wächst du am Abgrund fest wie Ginster
Zwischen da und sein ein Riss -
Genau da, wo du bist

<u>STUMM</u>

Wie Blätter sind sie mir entfallen
Und der Wind hat sie gefangen
Oder warf ich damit um mich
Und sie sind untergegangen
Womöglich hab ich sie verlegt
Weggeschlossen in mir selbst
Vielleicht wollten Sie auch fliehen
Wie die Wildgänse im Herbst
Meine Worte sind verschwunden
Sagt Bescheid, wenn ihr sie seht
Ich kann ohne sie zwar Mensch sein
Aber nie wieder Poet

Herbst

Unten
Bei den moosbedachten Hütten
liegen die trägen Kähne in den Uferbetten
wiegen sich die Wellen
schon in den Winterschlaf
Da fegt der Wind
den Weg und find't
nicht eine Spur des Sommers noch
häuft hier das Laub, gräbt dort ein Loch,
doch – hat dabei an manchen Stellen
nach und nach das Moor entlarvt
Das Lodern am Ufer, die modernde Gefahr
Und was einmal entdeckt ist,
deckt sich nicht mehr so leicht zu
Welcher Kahn schläft noch in Ruh,
wenn im Hüttendach ein Leck ist?
Unten
Da wiegt sich der Wald noch im Wind
Blind dafür, wie er versinkt
nicht eine Spur des Sommers noch
doch - verliert er auch sein ganzes Laub,
es kommt die Zeit, da bäumt er sich wieder auf.

Wo ich herkomme

Freie Bahn – höchstens auf der Straße
Straße, die dich knipst als Strafe
Urlaubsfotos hochversteuert
Steuern dahin, wo das Feuer
Feierlich die Felder füllt
Fühlt sich wie ein Lodern an
Anzukommen auf dem Land
Landen in verschlafenem Mohn
Mondschein blendet, blind vor Hohn
Hoch die Nase – seht, die Städter!
Steter naht das Urlaubswetter
Wetten, dass in Windeseil'
Eilig von den Wiesen hallt:
„Halt! Wo ist hier H&M?"
„Hm. Oder das goldene M?"
Ähhhm…aua, welch Bedauern,
wenn in der Aue kein Wifi lauert
Laut Maps ist das wohl Brandenburg
Brandenburg – mehr Brand als Burg
Hier hat man keinen Thermomix,
Nix Vorwerk, frisch gerührt mit Quirl
Quirlig wie die Leute hier (naja)
Hier bleibt immer, wo wir vier
Vier Ecken sind im engsten Kreis
Kreist alles drum, drum bleibt's daheim.

Julia Waldhauer

<u>DER DIKTATOR</u>

NUR EIN NARR WÜRDE ES WAGEN
DEM AXIOM ZU WIDERSPRECHEN
SOS SEI NICHT DEM MENSCHLICHEN LEBEN
VERPFLICHTET
ES BEDEUTET
SIEGE ODER STERBE.
ES WÜRDE DAS UNTIER WACH
UND DIE SPRACHE DER TINTE INTIM
WENN EINER DEM TRIEB NACHGÄBE
AUCH NUR EINE SEELE HIER ZU RETTEN.

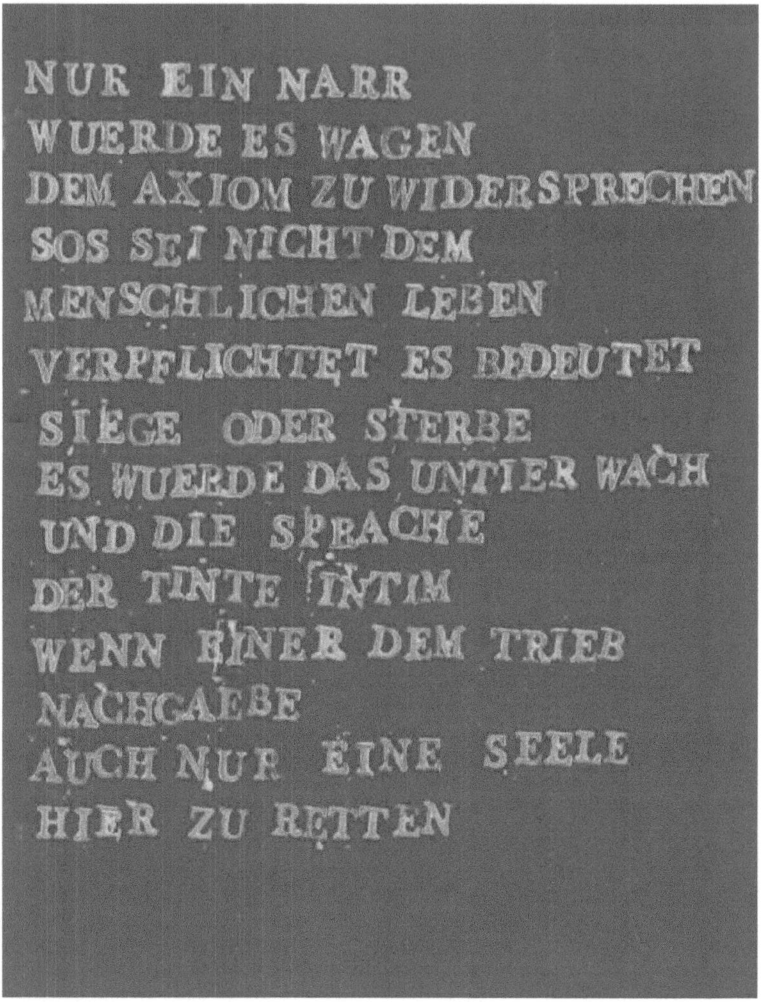

NUR EIN NARR
WUERDE ES WAGEN
DEM AXIOM ZU WIDERSPRECHEN
SOS SEI NICHT DEM
MENSCHLICHEN LEBEN
VERPFLICHTET ES BEDEUTET
SIEGE ODER STERBE
ES WUERDE DAS UNTIER WACH
UND DIE SPRACHE
DER TINTE INTIM
WENN EINER DEM TRIEB
NACHGAEBE
AUCH NUR EINE SEELE
HIER ZU RETTEN

<u>Eintagsfliege</u>

Die EIntagsfliege, Euphemeroptera, ein wundersames
Wesen.
Sechs Füße, drei Schweänze, zwei Flügel, kein Mund,
und vierungdzwanzig Stunden sind ihr nur gegeben.

Doch nein, sie schwimmt davor eintausend Tage in ihrer
Kinderwiegen.
Algen futternd ist sie unreif und glücklich,
im langsam fließend Wasser zu schweben.

Erst als Erwachsene kann sie sich weder Futter noch Rast
gestatten.
Muss sie doch schnell, so schnell, so schnell,
ein anderes ihrer Art begatten.

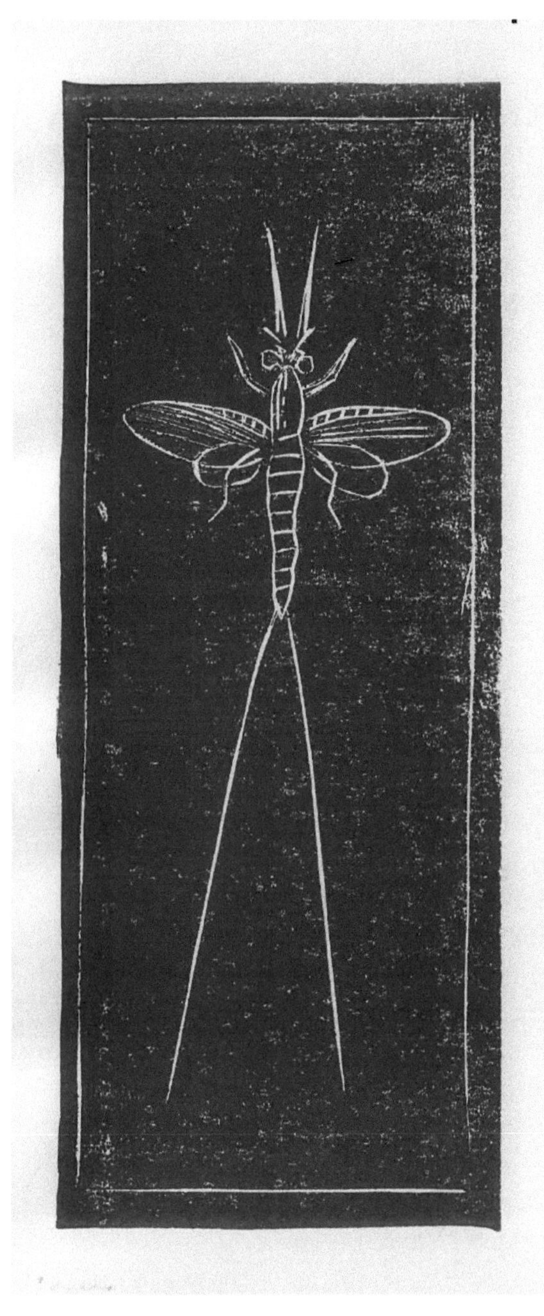

<u>Im Krieg</u>
(nach Erich Fried)

Bessere ZEITEN werden kommen
wenn DAS BLEI ZUM Bleigießen von STUDENTEN
in Glückssymbole ins neue Jahr gegossen wird
wenn DAS BLUT nicht zu STEIN wird vor SORGE
wenn RUHE und ORDNUNG nicht
IN GOTTES NAMEN herbeigebetet werden
wenn der TRÄGER den SARG und nicht
der SARG den TRÄGER trägt.

<u>SIE DU ICH</u>

Sie ist Doktorin, aber keine Ärztin
Sie ist keine, die nichts gebacken bekommt und doch
unser Sorgenkind
Sie ist verlässlich, und diejenie die verlässt
Sie ist gerne in Gesellschaft, aber gerne privat
Du bist temperamentvoll, obwohl du schüchtern bist
Du bist keine Eigenbrötlerin, aber sehr eigen
Du bist mutig, denn du hast oft Angst
Du bist nicht immer sehr nett zu dir, obwohl du es zu
anderen bist
Ich bin nicht allein, und fühle mich manchmal einsam
Ich bin nicht blöd, aber ich liebe Quatsch
Ich bin gerade nicht nur ich, aber nicht mehr lange
Ich bin keine, die Gedichte über sich schreiben würde, und
siehe da da ist eines

Der Club der roten Dichter:innen und seine Freund:innen

Neben der Schreibwerkstatt hat der „Club der roten Dichter:innen" im Jahr 2022 mehrere Lesungen mit Mitmach-Aktionen und Workshops sowohl für Kinder als auch Erwachsene durchgeführt. Zudem wurde durch das Projekt das erste Poesie-Festival in Kyritz „Brennende Herzen" durchgeführt. In zehn Workshops und Veranstaltungen im Jahr 2022 lernten Teilnehmer:innen aller Altersgruppen bei Lesungen, Screenings oder Slams unterschiedliche literarische Ausdrucksformen kennen. In Workshops konnten sie Schreib- und Illustrationstechniken sowie multi-mediale Techniken ausprobieren. Das Thema für's Festival lautete: Zukunftsvisionen. Die Ergebnisse des Projekts wurden schließlich während des Poesie-Festivals im November öffentlich mit Multi-Media-Installationen, Lesungen sowie Screenings in Kyritz vertieft und präsentiert. Einige der während dieser Workshops entstandenen Arbeiten sind auf den folgenden Seiten zu finden.

Im Rahmen von Workshops und der medienpädagogischen Projektarbeit an der Carl-Diercke-Oberschule sind weitere Filme entstanden, die unter 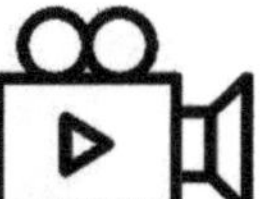 vimeo.com/clubderrotendichter angesehen werden können.

Sie setzte sich zum zweitenmal
das Kind
in ihrem trüben Gedächt-
nis   fest
Sie   faßte
etwas   helle
Augen
greifen
unter   die
Dunkelheit zwischen
Erde
und
Leib.
sic   und
die   Sekunde
ihre Brust   drückte
eine
halbe Stunde   ihre
Geduld.
fehlte.
98

Fanni 1

Moritz Grüntal 1

Moritz Seidel 1

98

Illustrationen: Bilder, Collagen, Drucke

Zora Bormann 1

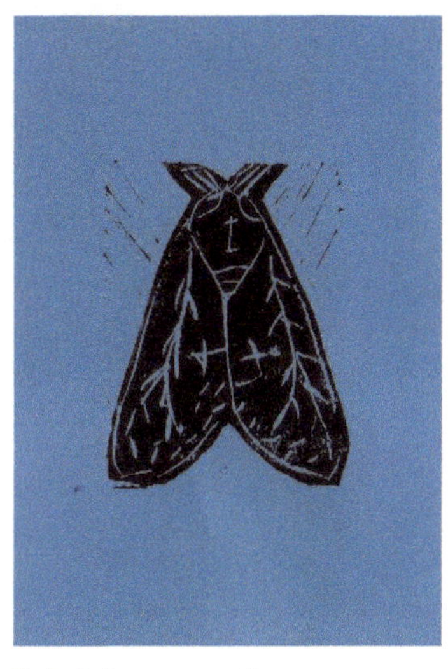

Enie Brüggemann 1

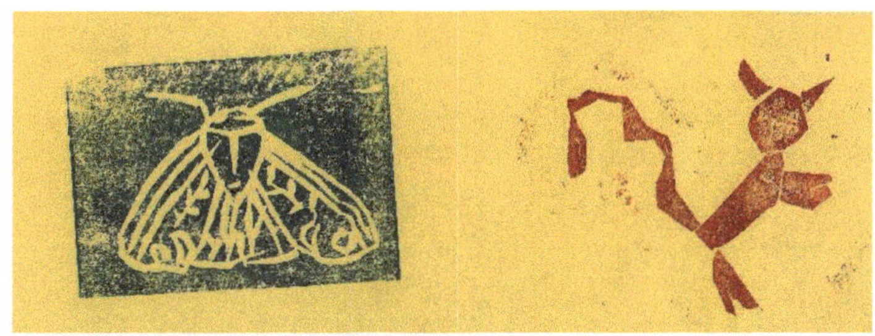

Enie Brüggemann 2

Mina Brüggemann 1

Mina Brüggemann 2

Tinka Brüggemann 1

Katrin 1

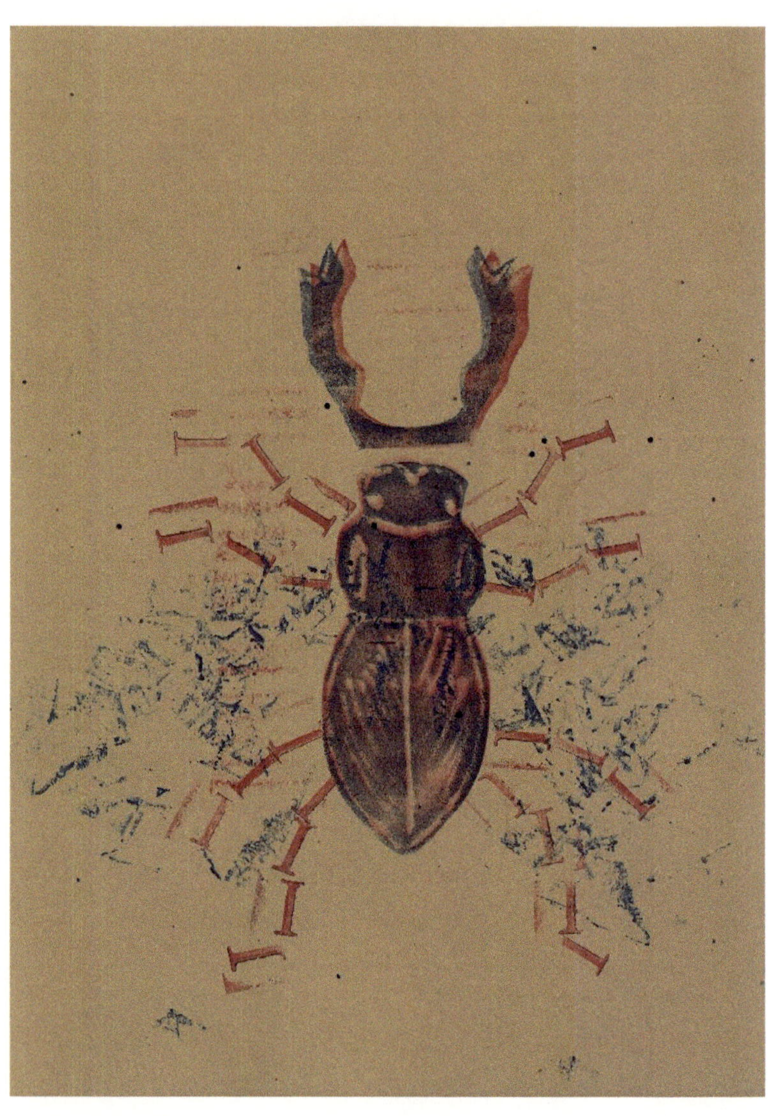

Christin Krause 1

Christin Krause 2

Milou Külzow 1

Rick Noulang 1

Christine Nandzik 1

Elmo Schulze 1

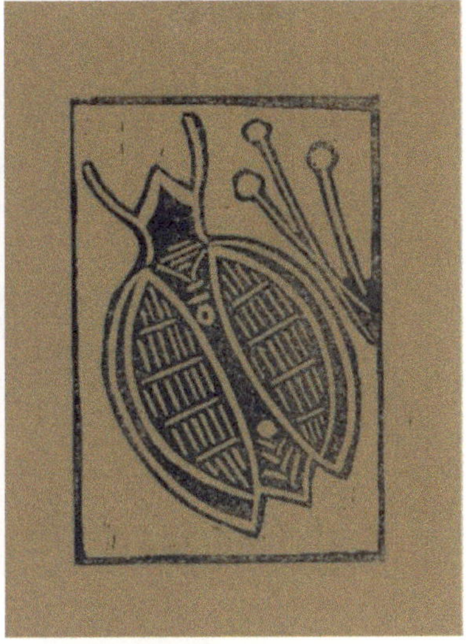

Olga Schulze 1

Arjen Waldhauer 1

Olga Schulze 2

108

Olga Schulze 3

Unbekannt:

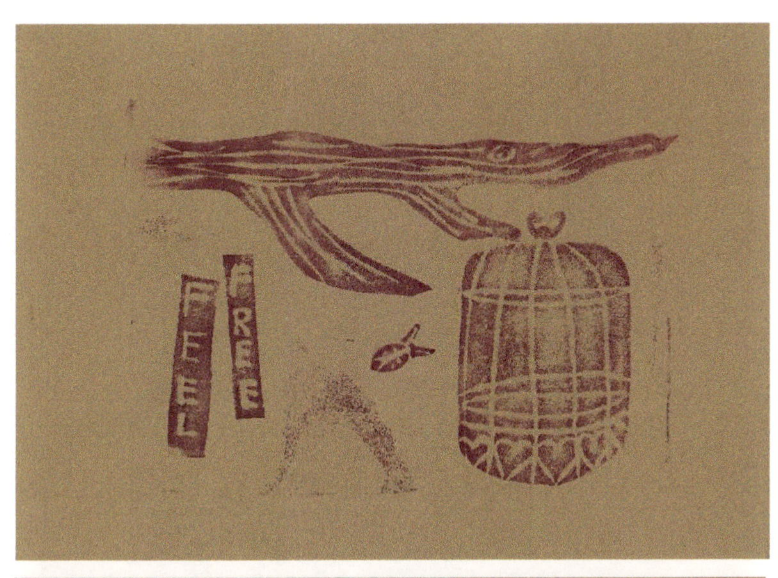
FEEL
FREE

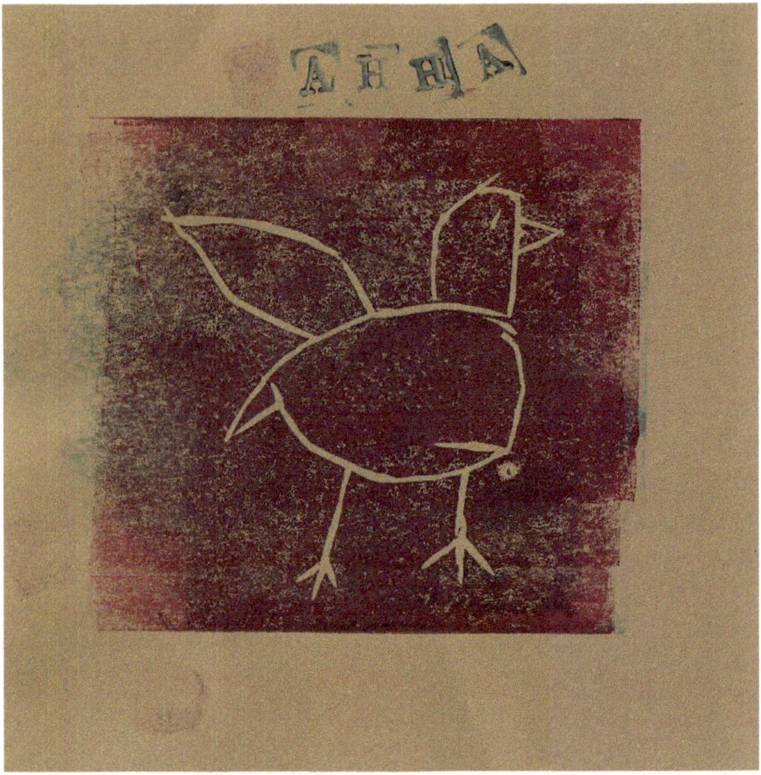
AHHA

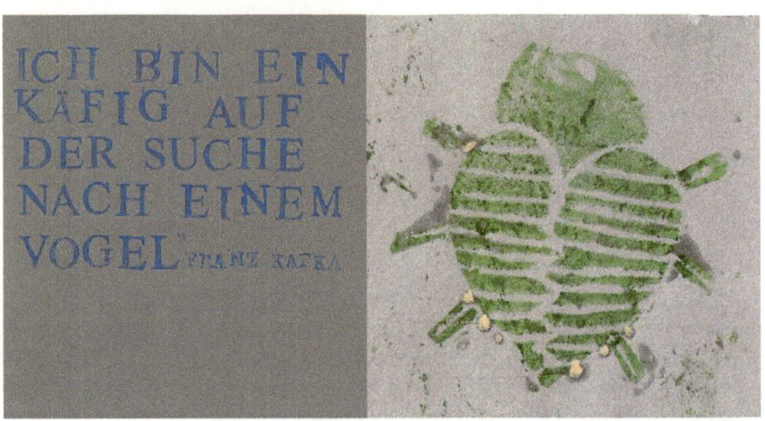

ICH BIN EIN
KÄFIG AUF
DER SUCHE
NACH EINEM
VOGEL" FRANZ KAFKA

SIEH FRECH
WILD &
WUNDERBAR

CLUB DER
ROTE DICHT
TERINNEN

CLUB DER
ROTEN
DICHTER

<u>Filme</u>

Alle Filme unter vimeo.com/clubderrotendichter

Fijona Baliu & Lena Wolfram

Timo Berger & Lennox Wäldchen
„Das ganze Leben ist ein ewiger
Wiederanfang.“
(Hugo von Hofmannsthal)

Jermaine Borck & Pascal Reinfeldt
„Der Anfang ist die Hälfte des Ganzen“
(Aristoteles)

Moritz Grüntal
„Alle Straßen münden in schwarze
Verwesung“
(Georg Trakl)

Alexander Schmidt

„Im Herzen eines Menschen ruht
der Anfang aller Dinge.“
(Leo Tolstoi)

Fynn Seeger

„Nicht im Kopf sondern im Herzen
Liegt der Anfang“
(Maxim Gorki)

„Es gibt unendlich viel Hoffnung
Nur nicht für uns.“
(Franz Kafka)

Projektdokumentation

Club der roten
Dichterinnen
Offene Lese- und Schreibwerkstatt

POESIE
FESTIVAL
KYR

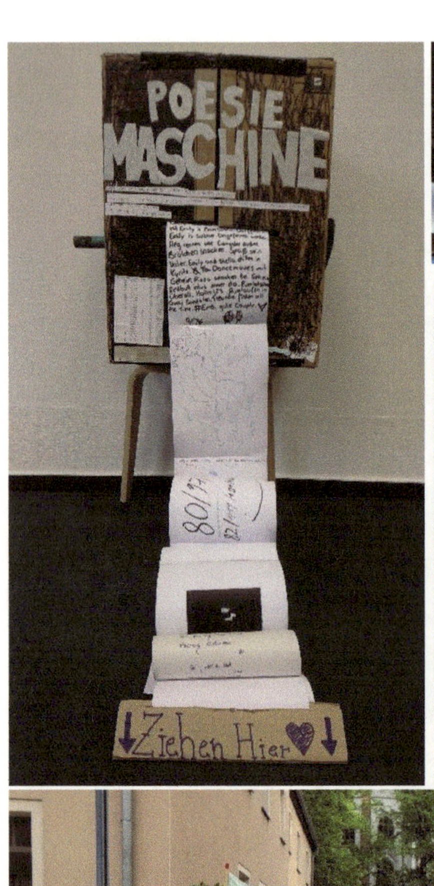

POESIE
MASCHINE
↓ Ziehen Hier ↓

"Bücher aus dem Feuer"
Wir lesen gegen das Vergessen
Zur Erinnerung an die Bücherverbrennung durch die Nazis
10. Mai 1933
FÜR MENS

CLUB DER

POESIE-FESTIVAL KYRITZ
BRENNENDE HERZEN
Das erste Poesie-Festival für
Kinder und Jugendliche in Kyritz :
Workshops, Mitmach-Aktionen,
Lesungen, Musik und Film
FÜR POET:INNEN UND DIE, DIE'S WERDEN WOLLEN

Poesie für alle

WORKSHOP-PROGRAMM 2022

Do. 03. März
16.00 – 20.00 Uhr
Zeitzeug:innengespräch und
Hörfeature-Workshop
Ort: MGH Kyritz

Sa. 02. April
14.00 – 18.00 Uhr
Workshop Installation & Projektion
19.00 Uhr
Lesung und Buchvorstellung mit dem
„Club der roten Dichter:innen"
Ort: JIM Kyritz

Di. 10. Mai
14.00 – 17.00 Uhr
Workshop Illustration mit Druck-Techniken
Ort: JIM Kyritz
17.00 Uhr „Lesen gegen das Vergessen"
zum Tag der Bücherverbrennung
Ort: Marktplatz Kyritz

Do. 23. Juni
16.00 – 20.00 Uhr
Workshop Songwriting
Ort: Waldwerkstatt

So. 03. Juli
10.00 – 14.00 Uhr
Workshop Poesie-Maschine
Ort: Waldwerkstatt

Sa. 20. August
14.00 – 18.00 Uhr
Workshop Poetry Film
Ort: Waldwerkstatt

Sa. 03. September
14.00 – 18.00 Uhr
Workshop Papierschöpfen,
Buchbinden, Papier-Upcycling
Ort: Waldwerkstatt

Do. 22. September
16.00 – 20.00 Uhr
Workshop Hörspiel- / Text-Vertonung
Ort: JIM

Di. 11. Oktober
15.00 – 19.00 Uhr
Workshop Poesie in Fotografie und
Flashmob-Aktion zum Weltmädchentag
Ort: JIM / Marktplatz

Mi. 09. November
15.00 – 19.00 Uhr
Workshop Street Art Poetry
Ort: Marktplatz Kyritz
19.00 Uhr
Straßen-Lesung zur
Reichspogromnacht
Start: Prinzenstraße Kyritz

info@jim-stattwerke.de / jim-stattwerke.de/projekte/poesie-festival.de

STATTwerke eV

LITERARISCHES
COLLOQUIUM
BERLIN LCB

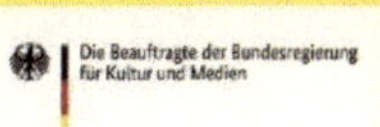

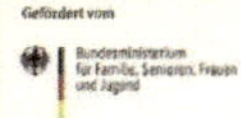

BRENNENDE HERZEN
POESIE-FESTIVAL
Das erste Poesie-Festival
für Kinder und Jugendliche
in Kyritz : Workshops, Mitmach-
Aktionen, Lesungen, Musik und Film
20. - 25. NOVEMBER 2022 IN KYRITZ

Poesie für alle

FESTIVAL-PROGRAMM 2022

So. 20.11.
12.00 – 16.00 Uhr
Workshop Songtexten &
Gemeinsam Singen
16.00 – 18.00 Uhr
Vernissage: Young Poetry
Open Stage mit dem
Club der roten Dichter:innen &
Live-Piano

Mo. 21.11.
15.00 – 18.00 Uhr
Bilderbuchlesung
Offene Kinderbibliothek
Basteln und Spiele

Di. 22.11.
13.00 – 18.00 Uhr
Ausstellung geöffnet

Mi. 23.11.
16.00 – 20.00 Uhr
Workshop Illustration
mit Collage-Technik
mit dem Atelier für
Jedermann

Do. 24.11.
16.00 – 20.00 Uhr
Workshop Poesie-Maschine
mit dem Club der roten
Dichter.innen

Fr. 25.11.
18.00 – 20.00 Uhr
Poetry-Film-Kino und
Stop-Motion-Mitmach-Film
20.00 – 22.00 Uhr
Stummfilmkonzert

Veranstaltungsort: Projektbüro, Marktplatz 10, 16866 Kyritz
Ausstellung zu allen Workshop- und Vorführzeiten geöffnet, Eintritt frei für alle Formate
info@jim-stattwerke.de / jim-stattwerke.de/projekte/poesie-festival.de

STATTwerke eV

LITERARISCHES
COLLOQUIUM
BERLIN LCB

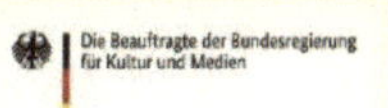

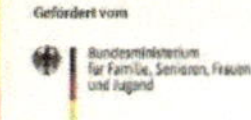

Schlusswort

Ich mach Schluss

Ich mach Schluss
Mit den Worten
„Es hat keinen Zweck“
Wenn keiner mehr sucht, bleiben alle
Versteckt.
Ich mach Schluss
Mit den Worten
„Ich schmeiß euch jetzt raus“
Mensch ärgert mich nicht, ihr seid hier
Nicht zu Haus.
Ich mach Schluss
Mit den Worten
Mit den Worten von dir
Ich hab meine eignen, die spieln nicht mit
Mir
Und ehe ich die an die Stille verlier
Mach ich Schluss
Und fang nochmal neu an mit mir.

Juliane Vogler